"आसमान से ऊँचा"
(Head in the clouds)

Krishan Tandon

BookLeaf Publishing

Presentation by *BookLeaf Publishing*

Web: www.bookleafpub.com

E-mail: info@bookleafpub.com

ISBN: 9789357213493

First edition 2023

'बिछड़ना'

वो बिछड़ेगा ये कभी सोचा भी नहीं था
जिसे जी भर कर देखा भी नहीं था।

उसकी ही आहटें चारों तरफ़ थीं
की जिसका घर में साया भी नहीं था।

जुदा होते हैं जितनी चाहतों में
तुझे इतना तो चाहा भी नहीं था।

हवा ख़ामोश थी और बुझ गया वो
चिराग़-ए-दिल तो भड़का भी नहीं था।

हुए बर्बाद उन ख़्वाबों की ख़ातिर
जिन्हें आँखों से देखा भी नहीं था।

कृष्ण, एक चाँद भी था पास मेरे
मगर घर में उजाला भी नहीं था।

****

'नसीब'

हैं नसीब की बातें ख़ता किसी की नहीं
ये ज़िंदगी है बड़ी बेवफ़ा, किसी की नहीं।

वो होंठ सी कर मेरे पूछता है, चुप क्यूँ है
किताब-ए-जुर्म में ऐसी सज़ा किसी की नहीं।

तमाम ज़ख़्म जो अंदर वो चीख़ते हैं मगर
हमारे जिस्म के बाहर सदा किसी की नहीं।

तुम अपनी रोशनियों पर ग़ुरूर मत करना
चिराग़ सबके बुझेंगे हवा किसी की नहीं।

कृष्ण, सबकी दुआएँ मिली बहुत लेकिन
हमारी माँ की दुआ सी दुआ किसी की नहीं।

****

'घर'

घर से हम निकले थे शीशे का मुक़द्दर लेकर
शहर भर टूट पड़ा हाथों में पत्थर ले कर।

तुम कँवल हो, चलो झीलों से मिला दूँ तुमको
क्या करोगे मेरी आँखों का समंदर ले कर।

चाँदनी मेरे ही आँगन में ना उतरी थी कभी
आज उतरी भी, तो जलता हुआ मंज़र ले कर।

नींद आती है, तो चुभती हैं बदन में यादें
किस तरफ़ जाएँ ख़यालात का बिस्तर ले कर।

क्यूँ उदासी दर-ओ-दिवार पे छाई है 'कृष्ण'
हम तो आए थे उम्मीदों से भरा घर ले कर।

****

'इंतज़ार'

चाँद मद्धम है आसमाँ चुप है
नींद की गोद में ये जहां चुप है।

दूर वादी में कुछ शैतान बादल
झुक कर पर्वत को प्यार करते हैं
दिल में नाकाम हसरतें लेकर
हम तेरा इंतज़ार करते हैं।

इन बहारों के साये में आ जा
फिर मोहब्बत जवाँ रहे ना रहे
ज़िंदगी मेरी ही मुरादों पर
काल तक मेहरबाँ रहे ना रहे।

रोज़ की तरह आज भी तारे
सुबह की गर्द में ना खो जायें
आ, तेरे इंतज़ार में जागती आँखें
कम से कम इक रात तो सो जाएँ।

चाँद मद्धम है आसमाँ चुप है
नींद की गोद में ये जहां चुप है।

****

'बेटियाँ'

बहुत चंचल बहुत ही ख़ुशनुमा सी होती हैं बेटियाँ
नाज़ुक सा दिल रखती हैं मासूम सी होतों हैं बेटियाँ।

हैं रहमत से भरपूर ख़ुदा की नेमत होती हैं बेटियाँ
हर कोना महक उठता है जब मुस्कुराती हैं बेटियाँ।

अजीब सी होती है कैफ़ियत जब छोड़ जाती हैं बेटियाँ
घर लगता है सूना सूना कितना रुला जाती हैं बेटियाँ।

ये हम नहीं कहते ये तो रब कहता है
की जब मैं खुश होता हूँ, तो पैदा होती हैं बेटियाँ।

****

'ख़्वाब'

कुछ ख़्वाबों की तलाश आज भी जारी है
कुछ ख़्वाबों से मेरी ये दुनिया सारी है।
कुछ ख़्वाबों ने अपना वादा निभाया है
और अब, कुछ नए ख़्वाबों की बारी है।

कुछ ख़्वाबों को अब अलविदा कह दिया है
कुछ ख़्वाबों को सिने में क़ैद कर दिया है
कुछ ख़्वाबों की अब क़ीमत नहीं रही है, इसलिए
कुछ ख़्वाबों को अब ख़्वाब ही रहने दिया है।

कुछ ख़्वाबों ने ख़्वाब देखना सिखा दिया
कुछ ख़्वाबों ने जीने का हौसला दिला दिया
कुछ ख़्वाब आज भी अधूरे हैं, और
कुछ ख़्वाबों ने हक़ीक़त से रूबरू कर दिया।

कुछ ख़्वाबों ने मुझे बहुत सताया है
कुछ ख़्वाबों ने पल पल तड़पाया है
कुछ ख़्वाबों ने रातों की नींद उड़ाई है
और कुछ ख़्वाबों ने मेरा सुकून चुराया है।

कुछ ख़्वाबों को आज गुनगुना रहा हूँ
कुछ ख़्वाबों की तस्वीरें बना रहा हूँ
कुछ ख़्वाबों से मुस्कुराने की वजह मिली है
और, कुछ ख़्वाबों को जिए चला जा रहा हूँ।

****

'हसरत'

दिल की हर हसरत कहीं दब ना जाए
ज़ुबान पर आयी बात कहीं रुक ना जाए।

सोचता हूँ कह डालूँ हर बात मैं दिल की
इससे पहले की ये धड़कन रुक ना जाए।

बयां हो जाता है जब आँखों से सब कुछ
कहीं आँखों से उनकी बूँद छलक ना जाए।

ये कश्मकश नहीं है मेरी तो और क्या है
कहीं ये मुहब्बत उन पर अयां हो ना जाए।

****

'क़दम'

ढूँदता ही रहा मैं कदमों के निशाँ उनके
गर वो मिल जाते मैं दिल वहीं रख देता।

रौंद जो देते वो उसे मिट्टी की मानिंद
मैं दर्द सह कर भी मुस्कुरा भर देता।

क़दम हैं ही उनके कुछ इस तरह के
सर झुका कर मैं हर ठोकर सह लेता

जज़्बात दिल के मेरे जो ज़ुबा पर आए
काश उनके सामने ये गुनगुना भर देता।

****

'पुनर्मिलन'

मिलने और बिछड़ने की रीति है पुरानी
पुनर्मिलन पर अपने कहेंगे नई कहानी।

रंग रूप बदलेगा, होगा देश काल नया
प्रेमियों के मिलन पर होगा मन प्राण नया।
जीवन का हर क्षण सुखद प्रेरणा पाता तुझसे
फिर क्यूं ये मन बिछड़ने का भय खाता तुझसे।

स्थिर अस्थिर, नाज़ुक सी इक सुरत हो तुम
मन मंदिर में बसी करुणा की इक मूरत हो तुम।
जुदाई को विस्मृत कर, आओ बनाएँ अपना जहां
थामे हाथ इक दूजे का, रहेगें हम सदा वहाँ।

मिलने और बिछड़ने की रीति है पुरानी
पुनर्मिलन पर अपने कहेंगे नई कहानी।

****

'एक नज़ारा'

क्षितिज के बीच से किरणों ने झाँका
  वातावरण खुल गया रास्ते मुस्कुराए।
हटने सी लगी फैले कोहरे की चादर
  झुकी हुई शाख़ाओं ने घुंघट उठाए।

पंछियों की आवाज़ से खेत चहके
  मीठी लय में हल फिर गुनगुनाए
ओस भरी टेढ़ी मेढ़ी पगडंडियों से
  जैसे लिपटने लगे पेड़ों के साए।

वो दूर पहाड़ पर इक आँचल सा लहराया
  मेरी कल्पना में जैसे लाखों दिए जगमगाए।

****

'सफ़र

बहुत लम्बा है ये सफ़र
कुछ क़दम तो साथ चलो।

कुछ ख़ामोशियों का शोर
कुछ सन्नाटों की आहटें
अंधेरों का उजाला
कभी ना ख़त्म होने वाले रास्ते।

ना बोल पाओ तो
निशब्दों को श्वास ही दे दो
ना परछाई बन पाओ
तो, आस ही दे दो
एक बूँद की आस में
कट जाएगी ये ज़िंदगी।

बहुत लम्बा है ये सफ़र
कुछ क़दम तो साथ चलो।

****

'तन्हाई'

मैं और मेरी तन्हाई
अक्सर ये बातें करते हैं
जीवन एक पहेली है
हम उसी में उलझे रहते हैं।
        मैं और मेरी तन्हाई......

जाता है जब कोई दूर
वो वापिस भी आ जाता है
पर कोई ऐसा, दूर जा कर
यादों की टीस छोड़ जाता है
                मैं और मेरी तन्हाई........

बहता जो आँखों से पानी
वही आंसू कहलाता है
जो आंसू ना बहे कभी
वो दिल का लहू बन जाता है
        मैं और मेरी तन्हाई.........

प्यार आँखों से होकर
दिल में ही बस जाता है
कोई शायर अपनी वेदना
क़लम के ज़रिए कह जाता है
        मैं और मेरी तन्हाई......

वादों की अग्नि परीक्षा में

कौन कब कहाँ जल जाएगा
दूर बैठे किसी अपने को
ये एहसास भी ना हो पाएगा
मैं और मेरी तन्हाई......

प्यार, मोहब्बत, इश्क़, लव
ये सभी शब्द बेमानी हैं
उसने भी तो दूर रहने की
दिल ही दिल में ठानी है
मैं और मेरी तन्हाई.........

प्यार चाहूँगा मैं तुझ से बेहद
यही जुदाई की भरपाई है
पर तूने तो अक्सर मुझसे
दूरी ही दूरी बनाई है
मैं और मेरी तन्हाई.........

काश मैं होता ऐसा पत्थर
तू रगड़ती जिस पे माथा
खुश मैं होता दिल ही दिल में
गाती दुनिया हमारी गाथा

मैं और मेरी तन्हाई
अक्सर ये बातें करते हैं
जीवन एक पहेली है
हम उसी में उलझे रहते हैं।

****

'अफ़साना'

दोस्तों ने ना तो समझा मुझे
ना ही, मुझे पहचाना है
मेरी बेबाक़ी का सबने
बना दिया एक अफ़साना है।

मैं तो रहबर बन कर
जुड़ता गया हूँ सबसे
अकेला था, अकेला हूँ
मेरे जीवन का ये तराना है।

पुरज़ोर करता हूँ कोशिश
वो बढ़ाए क़दम साथ मेरे
हसरत है यही दिल की
पर लगे नाकामी हाथ मेरे।

तुझे देने को नहीं है कुछ
सिवा प्यार के पास मेरे
कुछ तो समझ ले तू भी
जाने से पहले श्वास मेरे।

****

'ज़बां'

चुप चुप झेलते रहना कब तक
बंद ज़बां अब खोलके देख।

कुछ तो नतीजा निकलेगा
हर्फ़-ए-मुहब्बत बोल के देख।

सूरज चाँद और सितारे
उतर आएँ तेरे आँगन में।

इस दिल में क्या है तेरे लिए
ये दरवाज़ा तो खोल के देख।

शायद इस बेहिस बदन में
जान कहीं पर मिल जाए।

करता है 'कृष्ण' प्यार तुझसे
ज़रा तू, टटोल के देख।

(बेहिस का मतलब
बेजान)

****

'मुस्कुराहट'

हर इक मुस्कुराहट मुस्कान नहीं होती
नफ़रत हो या मुहब्बत आसान नहीं होती।

आंसू ग़म के, या ख़ुशी के एक से होते हैं
मगर उनकी पहचान आसान नहीं होती।

कभी रो कर मुस्कुराए, कभी मुस्कुरा के रोए
जब तुम्हारी याद आयी तुम्हें बुला के रोए।

लिखा था तुम्हारा नाम हज़ार बार
लिख कर, फिर मिटा कर रोए।

बुझ भी गए तो क्या दिल के दिए
अब ना रोयेंगे रोशनी के लिए।

दिल जो टूटा 'कृष्ण' तो ग़म कैसा
दर्द-ए-दिल काफ़ी है, ज़िंदगी के लिए।

****

"चिट्ठी" (पत्र)

बेचैनी है क्या, तुम क्या जानो
सपना आँखों का, तुम क्या जानो।

फूल से भी, रस बन जाता है
हुनर ये गुलाब का, तुम क्या जानो।

बंद आँखों से, जो छलक जाती है
कैसी है वो शराब, तुम क्या जानो।

मुहब्बत में कौन जीता, और कौन हारा
दिल का यह हिसाब, तुम क्या जानो।

दिल की किताब, जो दिल में ही हो
उस किताब का लिखा, तुम क्या जानो।

लिख डाली जो चिट्ठी, तुमने हमें
क्या होगा जवाब, तुम क्या जानो।

****

'मार्ग'

मैं जिसमें चुन चुन कर क़दम रखता हूँ
अपना हर वो मार्ग मैं स्वयं ही बनाता हूँ।

एक भूलभुलैया सा नज़र आता है ऑखों में
मैं अपनी ही ऑखों में कहीं खो जाता हूँ।
जीवन किसी रेल सा जब गुज़रता है
मैं किसी पुल की भॉति कंपकंपाता हूँ।

"मैं जिसमें चुन चुन कर क़दम रखता हूँ
अपना हर वो मार्ग मैं स्वयं ही बनाता हूँ।"

तेरी ऑखों में नज़र आता है स्वप्न मेरा
जो हर रात मैं सोते जगते देखता हूँ।
पर जब ओझल कहीं तू हो जाता है
वो स्वप्न बुलबुले की तरह मिट जाता है।

"मैं जिसमें चुन चुन कर क़दम रखता हूँ
अपना हर वो मार्ग मैं स्वयं ही बनाता हूँ।"

****

'ऐसे ही'

ऐसे ही,
तुम भी, मुझे मिल जाना,
गुनाह तो कोई नहीं,
खिल ऐसे ही जाना,

पर्दा तो नहीं है,
मालूम इतना है मुझे,
मज़ाक़ की उस आदत को,
एक बार पूरा दोहराना

कोशिश करना,
फिर थोड़ा समझाना,
यादों के उस क़ाफिले को
रोक, संग तुम अपने ले जाना!

चाहतों का सिलसिला है,
कुछ तेरा, कुछ मेरा है,
फासला लम्बा नहीं है,
कहने को कटता भी नहीं है,

क़ुसूर धड़कनों का है,
होगा मिलन अब के बरस,
इतना मुझे भी पता है,
क्यों है तू इतनी बेख़बर,

कुछ तो है तुझे भी ख़बर,
एक सिफारिश इतनी भर है,
आंखों में जो है कहानी,
उसको तुम, सुना जाना!!

****

'ज़िंदगी'

मुझको ऐ ज़िंदगी हर वक़्त सताती क्यूँ है
ज़ुल्म तू अपने दामन के मुझ पर ढाती क्यूँ है।

कभी मिला नहीं सुख चैन मुझको जीने का
रो चुके हम इतना अब और रुलाती क्यूँ है।

क्यूँ रहम नहीं आता तुझको मेरे हालात पर
सुला दे मुझको, दिन रात जगती क्यूँ है।

फ़नाह हुए हैं वो जो तुझको प्यार करते हैं
मौत को आने दे तू उसको डरती क्यूँ है।

****

'मुहब्बत'

मुहब्बत जिसने की मुझसे
ना साथ उसने निभाया है।

अब तक काल जीवन का
मैंने ये तनहा बिताया है।

ज़रा नज़रें घुमा कर देखो
फ़क़त मेला है लोगों का।

किसी हमदम से ना पर,
वक़्त ने मुझको मिलाया है।

ठोकरें लगती रहती हैं
संभलता रहता हूँ फिर भी।

इस राह-ए-मंज़िल ने
अक्सर 'कृष्ण' गिराया है।

****

'धरती'

मुस्कुरा ऐ अंधकार मय धरती
सिर उठा ऐ सोई मानव जाति।

देख वो क्षितिज की तरफ़
आंधियाँ कैसे चलने लगीं।
पुराने जुएख़ानों में आज
जुआरी कैसे उलझने लगे।

कोई तेरी तरफ़ नहीं देखता
ज़ंग लगी लोहे की इन ज़ंजीरों में
किस तरह से जकड़ी है तू
आज कर कोशिश शायद ये टूट जाएँ।

और मुस्कुरा उठे ये अंधकार मय धरती
सिर उठा ऐ, सोई मानव जाति।

****

www.ingramcontent.com/pod-product-compliance
Lightning Source LLC
Chambersburg PA
CBHW051720130826
49812CB00034B/1278
* 9 7 8 9 3 5 7 2 1 3 4 9 3 *